Lb 39 7795

Sorta (?) ... (handwritten)

DEVOIRS
DU PRINCE
ET DU CITOYEN,

OUVRAGE POSTHUME

DE M. COURT DE GEBELIN,

Pour servir de suite à la déclaration des droits de l'homme.

ACQ. 42,644
HENNEQUIN

BIBLIOTHÈQUE IMPÉRIALE

A PARIS,
Chez DEVAUX, Libraire au Palais-Royal.

1789.

Lb[39]. 7795.

DEVOIRS

DE L'HOMME.

Les droits de l'homme ſont de jouir de ſes *organes* ou de ſes attributs corporels, & de ſes *facultés* ou attributs intellectuels.

Ceux-là ſervent à ſa conſervation, ceux-ci à ſon bonheur.

Les devoirs de l'homme ſont donc de maintenir ſa vie & d'être heureux.

Devoirs du Citoyen ou de l'Homme en ſociété.

Mais l'homme *ſeul* ne ſauroit vivre & être heureux, parce que ſeul il ne pourroit pourvoir à ſa ſubſiſtance & à ſa conſervation : dès-lors réſulte la ſociété fondée ſur des droits & ſur des devoirs.

De même que les droits de l'homme sont de se conserver & de tendre à son bonheur, ainsi ceux de la société sont de se conserver & de tendre à son bonheur.

Le premier de ses devoirs est donc de travailler à sa conservation, à sa subsistance, à sa vie, effets qu'opere l'*agriculture*; le second, de rendre cette agriculture aussi prospere qu'il soit possible, ce qui exige des *avances* annuelles, primitives, & foncieres, au moyen desquelles on se procure *un produit net*, source unique de la prospérité des sociétés, & qui supposent pour le cultivateur une *propriété* personnelle, mobiliaire, & fonciere; car s'il n'est pas libre, & s'il ne peut faire un libre usage des fruits de son travail, il seroit hors d'état de s'y livrer, ou il le feroit sans succès.

Tout ce qui trouble cet arrangement & son accroissement progressif, est *désordre*; de là résultent donc des conséquences nécessaires & immédiates, tous les devoirs sociaux : rendre à chacun selon ses avances, & ne rien prétendre dans ce qu'on n'a pas acquis par des avances ; en un mot, respecter *la propriété* d'autrui : c'est par ces principes que se démontrent les devoirs de fils, de frere, d'époux, de pere.

Devoirs du Propriétaire.

C'est sur-tout des devoirs des propriétaires que résulte la bonne constitution & la durée des sociétés ; ces devoirs sont fondés sur le principe que qui plus reçut, plus doit rendre, que qui plus entreprend, doit une mise d'autant plus forte d'activité & de travail.

Le devoir de cette classe est de faire valoir sa propriété, c'est-à-dire, d'en tirer le plus de produit net possible ; ce qui s'opere en économisant le plus qu'il est possible sur les frais à production égale.

Par ce moyen, le propriétaire a du *disponible*, objet dont la mesure est celle de la vraie société, & dont la constante égalité est le seul *garant* de la *stabilité sociale*.

De là le *revenu constant*, fruit de la meilleure culture, garant premier & principal de l'ordre & de la durée des empires pour la richesse des Entrepreneurs de culture, qui répondent à l'Etat d'un revenu fixe & toujours égal, malgré les cas majeurs & fortuits qui attaquent la subsistance dans sa racine.

Ces cas majeurs sont dans la nature & dans les vues de son sage auteur, qui ordonnent le travail, & permettent les épreuves & les contradictions pour redoubler ce travail : mais l'ordre lui donne les moyens de résistance, & le rend capable de prodiges en ce genre ; l'humanité combinée a des forces profque divines, tandis que l'homme seul ne peut rien.

Il faut de plus que le propriétaire sache faire la part de tous, celle des cultivateurs & journaliers qu'il emploie, la sienne & celle du souverain, qui, à raison de ses devoirs envers le propriétaire, a des droits sur sa propriété : il faut encore qu'il dixme sa terre; en un mot, son devoir est d'accroître sans cesse les avances foncieres, & de les faire d'une maniere raisonnable & utile.

Devoir du Notable dans la société.

La notabilité est un droit qui suppose & qui entraîne un devoir pour acquitter, étendre, & perpétuer ces droits; il fut acquis par des avances, il faut donc qu'elles soient entretenues, & que le produit net qui en résulte tourne le plus qu'il soit possible en accroissement des mêmes avances; enſorte que l'agriculture parvienne au point vraiment déſirable de n'acheter que des ſervices, & de ne vendre que des denrées.

En effet, une ſociété agricole eſt, entre les ſociétés humaines, ce que la claſſe productive eſt entre les claſſes d'induſtrie : elle eſt cenſée tirer tout de la nature en premiere main, & pour n'acheter que des ſervices & ne vendre que des produits ; or que vendent tous les propriétaires, ſi ce n'eſt des denrées ? & qu'achetent-ils, ſi ce n'eſt des ſervices ?

Cet eſprit eſt le même néceſſairement pour tous les Etats agricoles : ils n'ont que des denrées à vendre, & des ſervices à acheter ; de là, *concurrence*, qui n'eſt que propriété : ainſi l'eſprit de *commerce* eſt ſubordonné à l'eſprit agricole.

Juſqu'ici tout eſt phyſique dans la notabilité, voici la morale : *un nom* connu eſt un droit qui entraîne le devoir de le soutenir par les mêmes services qui l'ont fait connoître, ou du moins par une vertu qui montre que si les circonstances étoient les mêmes, les services ou la volonté seroient pareils.

Ainsi le devoir prête des forces à l'ambition louable, & la religion des devoirs peut seule la rendre telle ; ainsi du cercle des droits & des devoirs se forme le *juste milieu* où se trouve la sagesse, & le mérite devant Dieu & devant les hommes.

Quant à l'intérêt commun, dont se forme la chose commune, il consiste dans le repos & la concorde publique, afin que chacun fasse librement ses affaires, qui, par cohérence, sont celles de tous ; ainsi se forme le devoir du *chef*, de pourvoir à ce que chacun fasse ses affaires librement & facilement.

Ce devoir ne peut être que celui d'un *seul*, en vertu de ses droits, qui font ceux d'un seul, résultant des avances de la souveraineté, sans lesquelles les avances foncieres ne purent exister, & ne sauroient s'augmenter.

Aussi tous les peuples ont-ils, dans le fait, reconnu le titre de propriété souveraine, seule base du bonheur des sociétés ; tandis que l'usage des Souverains électifs y est toujours contraire : ce titre est en effet la seule barrière contre les usurpations civiles, & la base des devoirs de la souveraineté qui se rapportent aux trois parties des besoins généraux de la société.

1°. Instruction générale & perpétuelle ; 2°. paix & protection au dedans & au dehors ; 3°. travaux publics relatifs au maintien général du territoire, & à la facilité des débouchés.

Dans cette heureuse constitution d'un Etat agricole, les propriétaires notables sont les vrais consultans & coadjudans de la souveraineté : ils aident l'autorité sans jamais la partager.

Ainsi ses devoirs sont de servir la société, de l'instruire, de la protéger, de la gratifier, de l'édifier, & de lui rendre ce qu'ils en ont reçu.

Devoirs du Prince dans la société.

Sans société point de Souverain : le Prince est donc dans la société, & comme son chef ; de là résultent ses devoirs, puisqu'il n'y a point de droits sans devoirs ; ainsi il est obligé de travailler comme tout autre à son avantage personnel, c'est-à-dire, de connoître, d'étendre, & de maintenir ses droits qui ne peuvent subsister & se développer que par le succès, l'ordre, le perfectionnement humain ; & par lui l'extension des propriétés publiques & privées.

D'ailleurs un Souverain n'a à gouverner que sa Cour, ses Conseils, ses Préposés, tout le reste va de soi-même; il doit à ses Préposés, de la vigilance, à ses Conseils, de l'équité ; à sa Cour, de bons exemples.

Son devoir est, 1°. de servir le public en empêchant tout ce qui troubleroit le devoir de chacun.

2°. D'instruire son peuple avec soin personnellement, c'est-à-dire, de l'instruire de la vérité, s'il ne veut que l'erreur toujours divergente ne l'entraîne ; & si aujourd'hui on se dispense des formalités dans les guerres, c'est qu'on se bat avec de l'argent ; & qu'on compte plus là-dessus que sur les hommes. *Ici le droit d'écrire en toute matiere résulte du droit de parler* ; c'est une propriété acquise par les avances du temps & du travail pour apprendre à écrire ; l'opposition à ce droit est un délit ; le bien de la société peut seul le modifier.

Un troisieme devoir du Prince est de protéger ce qui embrasse justice, police, finance, défense & politique extérieure.

A tous ces égards, l'art de gouverner ne consiste pas à ordonner, puisque tous les droits, tous les devoirs, tous les intérêts sont donnés & prescrits par la nature; mais il consiste à veiller à ce que l'ordre ancien soit maintenu & subsiste à perpétuité; car en cette perpétuité consiste la loi de l'ordre, le vœu de la nature, le vrai objet de la société, aux yeux du Sage; & dans le fait, les changemens, les événemens frappans sont la critique de l'administration plutôt que son éloge, attendu qu'il n'y a que la maladie qui avertisse & non la santé; d'ailleurs sur les changemens essentiels la voie d'instruction est ouverte au Prince envers ses sujets.

Le Prince est absolu dans sa *justice*, pourvu qu'il se conforme à la loi de l'ordre dans laquelle seul elle existe.

La police est l'exécution sommaire des ordres relatifs à la protection & à l'accélération; elle a pour objet surtout les villes, les rendez-vous d'une population entassée, elle seroit despotique si elle étoit arbitraire ; mais il faut qu'elle soit éclairée, car l'*autorité* doit être absolue, ce qui n'est pas despotisme, toujours arbitraire. Quant aux campagnes, la paix publique & le bonheur y maintiendront l'ordre, y feront elles-mêmes la police la plus vigilante, la plus sûre.

La finance est le revenu de la propriété du Prince ; c'est par les propriétaires seulement qu'il en peut faire la récolte, & quant à la dépense, c'est l'objet que l'ordre facilitera le plus ; elle est ainsi un objet d'*administration* & non de gouvernement ; car c'est le bien propre du Souverain.

Relativement à la défense, le Prince est le chef de la Milice, hommes d'élite, toujours disponibles, & prêts à se porter au premier ordre par-tout où la défense l'exigera ; d'ailleurs *équité & gestes de concorde* sont les vrais plénipotentiaires d'un bon Prince.

Enfin le Prince doit édifier la société par ses mœurs & par sa religion, seule maniere dont il doive la gratifier.

La définition des mœurs ne sera plus vague, lorsque l'instruction aura appris à discerner le bien & le mal physique, base du bien & du mal moral; par là s'établira cette grande vérité-base de toute bonne conduite, que la vraie liberté ne se trouve que dans l'acquit des devoirs, leur nature, les droits qui en résultent, leur identité avec *la vie & le bonheur*; ces droits de tout homme & de toute société.

Quant aux *mœurs sociales*, elles sont relatives à toute l'action sociale, qui consiste dans les rapports mutuels des hommes entre eux; le *rapprochement* est *l'œuvre sociale* par excellence. Les bonnes mœurs sont donc celles du rapprochement.

La religion de son côté n'est pas soumise à la politique: la véritable épreuve de la politique, au contraire, est son accord avec la religion; la nôtre ne nous ordonne pas de réprouver notre frere, elle nous défend au contraire de le condamner: & toute excommunication religieuse ne s'étend pas au delà de l'exclusion de la communauté des prieres, des sacrifices, des graces surnaturelles.

D'ailleurs, tout est pour nous, à nos pieds, sur nos têtes, un ensemble de mystere aussi inconcevable que l'Incarnation, l'Eucharistie, la Trinité, *puissance*, *amour*, *intelligence* séparées & réunies pour créer, sauver, éclairer les hommes, & pour les ramener à jamais dans le sein de l'éternelle puissance, amour, & intelligence.

On voit ensuite que la religion est l'étendard nécessaire de toute réunion sociale; que le Prince ne doit vouloir que ce qu'il peut, & comme il le peut; que la recette du juste milieu est la seule regle de sa conduite, & le seul moyen pour lequel il puisse rendre à la sosiété ce qu'il a reçu; qu'en un mot, son

son devoir dans la société, est celui du pere dans la famille.

Devoir de l'homme envers son auteur.

L'homme doit tout à Dieu, la vie, d'abord, puis tout ce qui la compose & la perpétue. Ce sont autant d'avances faites par la nature ; avances que Dieu veut que nous fassions valoir, bien loin de les enfouir ; que nous les fassions servir à notre profit bien entendu, tel qu'on vient de le développer.

En effet, l'homme est né pour la société ; elle ne consiste qu'en rapports ; ces rapports sont des échanges ; & ces échanges ne sauroient être que des produits de son travail ; il a acquis le langage, reçu par l'exemple quelque teinture de mœurs, conçu quelque ébauche d'opinions admises par l'étonnement & par la crédulité ; il a ressenti quelques sentimens attisés par la nature ; il a tout cela, & ce n'est rien encore ; si la société ne l'éclaire, il sera toujours très-éloigné de toute idée fixe de la religion raisonnable & sensible.

A cet, égard l'instruction est encore le chemin qui conduit à la piété véritable, piété des simples, qui ont reçu le germe de la véritable instruction, secondée par une ame douce & sage, & qui sont eux-mêmes bornés à l'acquit de leurs devoirs, à l'exactitude de leur travail, dans le succès duquel ils concentrent leurs intérêts, & à l'attention de ne pas léser ceux des autres.

La religion d'ailleurs est dans le cœur, non dans la tête : mais pour ramener celle-ci au cœur, il faut nécessairement l'instruction.

Cette instruction doit être générale, & renfermer en même temps les droits de chaque classe d'une société agricole complette, composée de propriétaires, de cultivateurs ou productifs, & de salariés.

Ceux de la classe productive, sur-tout,

qui ont de gros fonds sur la terre & sous le ciel, sans cesse flottant entre la crainte & l'espérance, ont absolument besoin d'un patron & d'une croyance qui leur offrent un appui supérieur ; si on leur ôte leur religion épurée, cette religion qui rend modeste dans les succès, & qui console dans les revers, ils rameneront bientôt celle du bon & du mauvais principe : les oisifs se feroient celle de leurs passions : les philosophes, celle de leur métaphysique.

Heureusement, le Créateur veut l'extension de nos ressorts moraux, comme il veut la progression de nos richesses physiques : il veut qu'on éclaire l'Homme; que le temps nous apprenne à vivre; que le vivre nous apprenne à vieillir; vieillir à mourir; & mourir à revivre dans le sein de notre puissant bienfaiteur : il veut que nous tenions à la vie comme à un présent du ciel; que nous sachions comment il en faut user pour nous rendre le ciel favorable; & que nous le sachions non seulement dans le langage qui interroge la foi, qui réveille, étend, & élève nos espérances, mais en même temps dans l'idiôme qu'entendent les organes de notre cupidité, dans la langue du calcul qui assure chacun de nos pas, fixe chacune de nos idées, & nous montre clairement que l'obéissance à la voix du ciel est la voie assurée de nos succès sur la terre.

La religion est un avantage réel pour la société, en ce qu'elle n'est autre chose que l'aveu, la connoissance, le sentiment d'une autorité suprême, du code de ses lois, de la sanction qui en assure l'exécution.

Toujours sainte dans son principe, c'est la barbarie, l'ignorance, le vice, la foiblesse qui en défigurent les ornemens extérieurs. La religion présente toujours un pere bienfaisant, protecteur, rémunérateur, qui montre une multitude d'associés liés par le vœu de la fraternité, qui n'exige de nous que la recherche de nos propres avantages; le travail pour nous les procurer, la bonne foi pour nous les assurer, la soumission à l'ordre propice, la reconnoissance envers son auteur, la résignation à sa volonté, toujours la plus sage, & qui, pour récompense, promet une nouvelle vie sans fin; car ce qu'on voit assure de l'immensité de ce qu'on ne voit pas.

Cette religion qui n'est point disputante, mais fondée sur la fraternité, consiste, 1°. à distinguer le droit du prochain, du sien; 2°. à le chérir comme inséparable du nôtre, d'où résulte l'équité. Elle doit donc être enseignée, prêchée, sentie, respectée, & jamais livrée à la dispute essentiellement irréligieuse.

Etablie sur l'ordre, elle est la regle des devoirs sociaux de tous les genres, en sorte que l'homme juste, ou qui desire de l'être, n'a plus d'offrande à faire à Dieu, que celle de son cœur, qui n'est autre chose que la soumission à l'ordre.

Le culte enfin est le point de ralliement physique, comme la religion est le ralliement moral : c'est le seul acte de fraternité qui demeure entre les membres d'une société complette & riche, distinguée par les rangs & par les fortunes. Celui qui s'y refuse par dédain ou par mollesse, se donne un vernis de faux frere & d'apostat, qui nuit à ses vrais avantages. C'est une profession de foi extérieure des vertus que la religion exige ; on y fait des échanges d'édification respective, on y traite de la probité mutuelle ; on y apprend ensemble la langue de la justice, l'alphabet des vertus.

Le devoir de l'homme envers Dieu est donc de le connoître par ses bienfaits, dans soi-même, dans tout ce dont on jouit, dans tout ce qu'on espere, de l'aimer dans son ordre, de le servir par son obéissance, par son travail, par sa résignation.

Telle eſt la ſcience du bonheur de l'homme conſidéré comme un individu deſtiné à faire corps avec ſes ſemblables pendant le cours de ce qu'on appelle la vie, carriere d'épreuve, d'obéiſſance, & de travail, toujours récompenſé par ſes fruits ; paſſage pour arriver à la vie univerſelle & à la réintégration dans le ſein du grand Être, ſource de tout ordre & de toute rémunération. Telle eſt la ſcience du bonheur de l'humanité conſidérée en maſſe, comme douée exclusivement d'intelligence & d'amour, entre les œuvres du Créateur.

Tous les travaux phyſiques & moraux des hommes doivent ſe rapporter à l'objet de parvenir à cette voie unique du bonheur, de s'y maintenir, & de concourir conſtamment au bien public, général, & particulier ; chacun doit être aſſuré de travailler en cela à ſon propre avantage. Là tout amour propre qui n'eſt pas fou & paſſionné, trouvera ſa place marquée & des ſuccès aſſurés : l'universalité de l'instruction contrebalancera les effets contagieux du délire, & donnera une direction sage, c'est-à-dire, utile, aux efforts de tout amour propre constant, & à tout les talens diversement répartis par la nature, qui ne donne rien en vain; *l'estime publique* en montrera la voie, en applanira le trajet, en récompensera les efforts.

BIBLIOTHÈQUE IMPÉRIALE IMPR.

De l'Imprimerie de DEMONVILLE.

www.ingramcontent.com/pod-product-compliance
Lightning Source LLC
LaVergne TN
LVHW010258230826
846091LV00007B/3045

* 9 7 8 2 0 1 3 4 5 8 4 8 1 *